# Enero

Julie Murray

Abdo
LOS MESES
Kids

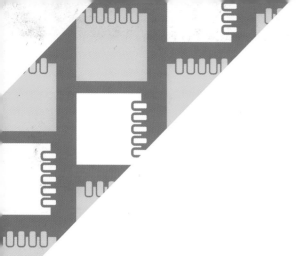

**abdopublishing.com**

Published by Abdo Kids, a division of ABDO, PO Box 398166, Minneapolis, Minnesota 55439.
Copyright © 2018 by Abdo Consulting Group, Inc. International copyrights reserved in all countries.
No part of this book may be reproduced in any form without written permission from the publisher.

Printed in the United States of America, North Mankato, Minnesota.

102017

012018

Spanish Translator: Maria Puchol

Photo Credits: Getty Images, iStock, Shutterstock

Production Contributors: Teddy Borth, Jennie Forsberg, Grace Hansen

Design Contributors: Christina Doffing, Candice Keimig, Dorothy Toth

Publisher's Cataloging in Publication Data

Names: Murray, Julie, author.

Title: Enero / by Julie Murray.

Other titles: January. Spanish

Description: Minneapolis, Minnesota : Abdo Kids, 2018. | Series: Los meses |
    Includes online resources and index.

Identifiers: LCCN 2017945864 | ISBN 9781532106286 (lib.bdg.) | ISBN 9781532107382 (ebook)

Subjects: LCSH: January--Juvenile literature. | Calendar--Juvenile literature. |
    Months--Juvenile literature. | Spanish language materials--Juvenile literature.

Classification: DDC 398.33--dc23

LC record available at https://lccn.loc.gov/2017945864

# Contenido

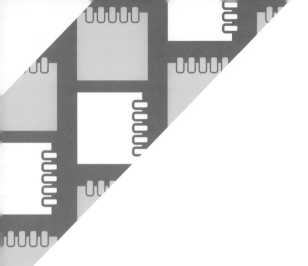

# Enero

Un año tiene 12 meses.

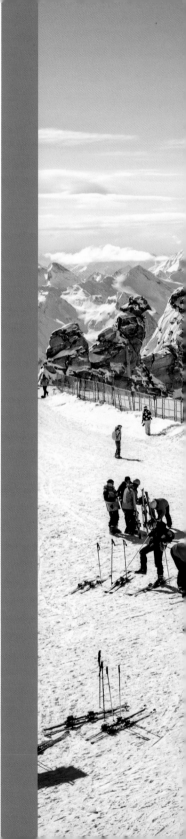

Enero

Febrero

Marzo

Abril

Mayo

Junio

Julio

Agosto

Septiembre

Octubre

Noviembre

Diciembre

5

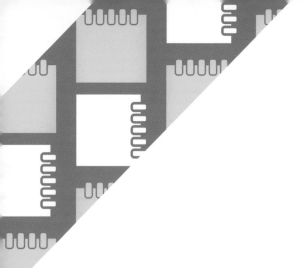

Enero es el primer mes del año.

Tiene 31 días.

# Enero

| 1 | 2 | 3 | 4 | 5 | 6 | 7 |
|---|---|---|---|---|---|---|
| 8 | 9 | 10 | 11 | 12 | 13 | 14 |
| 15 | 16 | 17 | 18 | 19 | 20 | 21 |
| 22 | 23 | 24 | 25 | 26 | 27 | 28 |
| 29 | 30 | 31 | | | | |

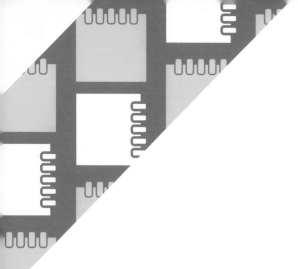

El Día de Año Nuevo es el primero del año. Pete toca un espantasuegras.

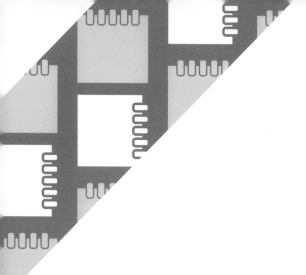

El **Día de Martin Luther King Jr.** es el tercer lunes de enero.

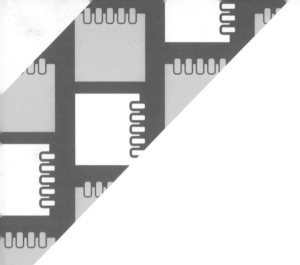

El cumpleaños de Benjamín Franklin es este mes. Nació el 17 de enero de 1706.

13

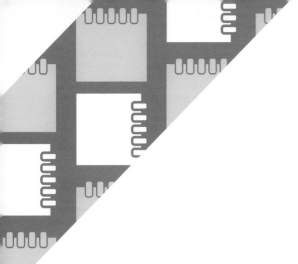

En enero puede hacer frío.

Tamara lleva gorro y guantes.

15

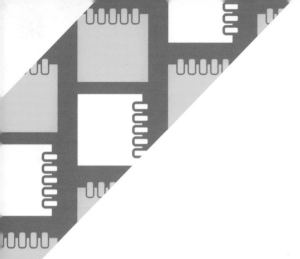

Max vive en Ohio. A él le
gusta la nieve. Se tira en
trineo con Claire.

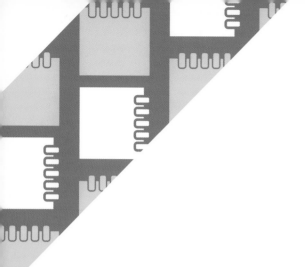

Sam hace un muñeco de nieve.

¡Jake le ayuda!

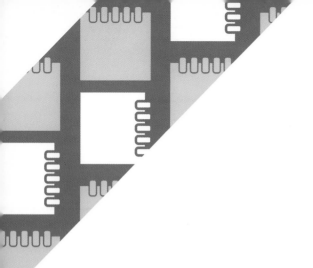

Amelia vive en Iowa. Ella patina sobre hielo. ¡Le encanta enero!

# Días especiales en enero

Día Nacional del Pájaro
5 de enero

Día Nacional del Abrazo
21 de enero

Día Nacional del Pastel
23 de enero

Día Nacional de la
Mantequilla de Cacahuete
24 de enero

# Glosario

**Benjamín Franklin**
uno de los primeros fundadores de los Estados Unidos. Fue autor, científico e inventor, entre otras cosas.

**día de Martin Luther King Jr.**
día en el que se hace homenaje a Martin Luther King Jr. y su lucha por la igualdad de derechos.

# Índice

**Abdo Kids**
ONLINE
FREE! ONLINE MULTIMEDIA RESOURCES

¡Visita nuestra página abdokids.com y usa este código para tener acceso a juegos, manualidades, videos y mucho más!

Código Abdo Kids:
MJK0154